Kirja Äidille

Täytettävä kysymyskirja

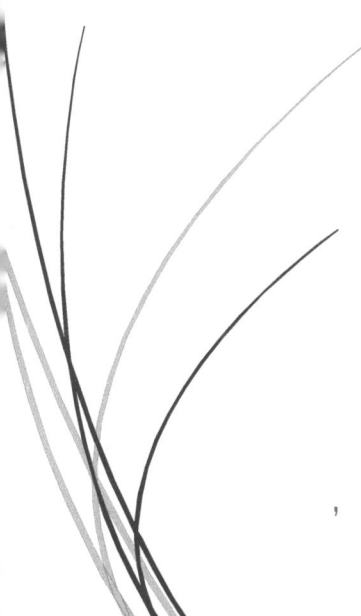

© 2019 Minun Ajatus Kirjat
Kustantaja: BoD – Books on Demand, Helsinki, Suomi
Valmistaja: BoD – Books on Demand, Norderstedt, Saksa
ISBN: 978-952-80-0928-3

Tämä kirja on sinulle äitini, nimi:

Tämän kirjan on kirjoittanut minä, nimi:

Päivämäärä tänään:

Varhaisin muistoni sinusta:

Kun olin lapsi, muistan sinut tälläisenä:

Lapsuudessamme teimme useasti seuraavia asioita:

Asioita, joita arvostan sinussa suuresti:

Parhaat ruoat, joita teet:

1.

2.

3.

4.

5.

Parhaat luonteenpiirteesi:

1.

2.

3.

4.

5.

Asioita, joissa olet mielestäni taitava:

1.

2.

3.

4.

5.

Asioita, jotka olet opettanut minulle:

1.

2.

3.

4.

5.

Asioita, joita yritit opettaa, mutta en
vieläkään ole oppinut:

Asioita, joita tykkäämme tehdä yhdessä:

1.

2.

3.

4.

5.

Luonteenpiirteitä, joissa olemme samanlaisia:

1.

2.

3.

4.

5.

Luonteenpiirteitä, joissa olemme erilaisia:

1.

2.

3.

4.

5.

Yleisin riidanaiheemme:

Parhaita muistoja kanssasi lapsuudessani:

1.

2.

3.

4.

5.

Parhaita muistoja kanssasi teini-iässä:

1.

2.

3.

4.

5.

Parhaita muistoja kanssasi aikuisiällä:

1.

2.

3.

4.

5.

Asioita, joissa olet hyvä:

1. _____

2. _____

3. _____

4. _____

5. _____

Asioita, joita toivoisin, että tekisimme
yhdessä:

1. _____

2. _____

3. _____

4. _____

5. _____

Vaatteet tai tyyli, joissa näytät parhaalta:

1. _____

2. _____

3. _____

4. _____

5. _____

Viisainta, jota olet sanonut minulle:

Olen ylpeä sinusta seuraavissa asioissa:

Sukulaiset, joiden luona tykkäämme käydä yhdessä:

Miten lapsuutemme muistuttaa toisiaan?

_____

_____

_____

_____

_____

_____

_____

_____

Miten lapsuutemme eroaa toisistaan?

_____

_____

_____

_____

_____

_____

_____

_____

Arkipäivän asioita, joita aina teet:

1.

2.

3.

4.

5.

Parhaat juhlapyhämuistoni kanssasi:

1.

2.

3.

4.

5.

Parhaat matkamuistot, jotka olemme
tehneet yhdessä:

1.

2.

3.

4.

5.

Parhaat lahjat, jotka olet antanut minulle:

1

2.

3.

4.

5.

Hetket, jolloin minulla oli sinua kova ikävä:

1.

2.

3.

4.

5.

Asiat, jotka saavat sinut nauramaan:

1.

2.

3.

4.

5.

Mielestäni sopivin ammatti sinulle olisi:

Olen kiitollinen, että olet tukenut minua
seuraavissa asioissa:

1.

2.

3.

4.

5.

Asioita, jotka yhdistävät meitä:

1.

2.

3.

4.

5.

Asioita, joissa sinä olet hyvä ja minä huono:

1. _____

2. _____

3. _____

4. _____

5. _____

Asioita, joissa minä olen hyvä ja sinä
huono:

1. _____

2. _____

3. _____

4. _____

5. _____

Olen perinyt seuraavat piirteet sinulta:

1. _____

2. _____

3. _____

4. _____

Olen perinyt seuraavat piirteet taas isältä:

1. _____

2. _____

3. _____

4. _____

Kuinka kaukana toisistamme asumme tällä
hetkellä?

_____

_____

_____

Jos asumme omissa kodeissamme, miten
kotimme muistuttavat ja eroavat
toisistaan:

_____

_____

_____

_____

_____

_____

_____

Seuraavissa asioissa pyydän yleensä neuvoa sinulta

1.

2.

3.

4.

5.

Olen ylpeä sinusta seuraavissa asioissa

1.

2.

3.

Toivon, että olet ylpeä minusta seuraavissa asioissa

1.

2.

3.

Sana/Sanonta, jonka olen oppinut sinulta

Asioita, joista aina muistutat minua:

1.

2.

3.

4.

Asioita, joita ostaisin sinulle, jos voittaisin lotossa:

1.

2.

3.

4.

Lempi tavarat/esineet, joita olet antanut minulle

1.

2.

3.

4.

Listatkaa tähän kaikki yhteiset lomamatkanne, ja jokin hyvä muisto jokaisesta matkasta

Miten uskon sinun äitinä vaikuttaneen
elämääni ja luonteeseeni tänä päivänä:

_____

_____

_____

_____

_____

_____

Miten kuvailisin perhe-elämäämme koko
elämäni aikana

_____

_____

_____

_____

_____

_____

_____

Asioita, joita sinä ymmärrät ja olen aina voinut kertoa sinulle

1.

2.

3.

Asioita, joita ei ole ollut helppo kertoa sinulle

1.

2.

3.

Miten suhteemme on muuttunut aikuisiällä verrattuna lapsuuteen?

Suosikkimme

Tuoksu

:

Aihe, josta puhut

Ruoka, jota laitat

Hiustyylisi

Paikka, jonne mennä yhdessä

Elokuva, jonka olemme katsoneet yhdessä

Suosikkimme

Ravintola

Herkku, josta molemmat tykkäävät

TV-ohjelma, jota katsomme/katsoimme
yhdessä

Yhteinen kiinnostuksenkohde

Aktiviteetti, jota teemme/teimme yhdessä

Juhlapyhä

Hyviä tapoja ja taitoja, joita olet opettanut minulle:

1.

2.

3.

4.

5.

Hetki, jolloin olemme nauraneet yhdessä

Pelottavin hetki, jonka olemme kokeneet yhdessä

Hetki, jolloin olemme itkeneet yhdessä:

Hetki, jolloin olemme kumpikin olleet
hermostuneita:

Tilanteet, joissa kumpikin on usein hyvällä
tuulella:

Tilanteet, joissa kumpikin on usein huonolla
tuulella:

Haluaisin sanoa sinulle useammin
seuraavia asioita:

1.

2.

3.

Ilman sinun apuasi en olisi ikinä...

Olen kiitollinen sinulle..

Olet paras äiti, koska…

Kuinka monta lasta sinulla on:

Lasten nimet ja iät:

Tulin ensimmäisen kerran äidiksi:

Tästä tiesin, että nyt on oikea hetki saada lapsia/olin valmis äidiksi:

Äidiksi tulemisessa jännitti eniten:

Äidiksi tulemisessa olin innoissani eniten:

Ensimmäinen vuoteni äitinä oli tälläinen:

Mitä ajattelit/ajattelet lapsistasi tulevan isona:

Kuinka päädyit nimeämään lapsesi:

Mitä ajattelit kun näit lapsesi ensimmäisen
kerran

Lasteni teot, jotka saavat minut nauramaan

1.

2.

3.

Lasteni teot, jotka saavat minut ärsyyntymään

1.

2.

3.

Näissä asioissa lapseni ovat samanlaisia kuin minä:

Näissä asioissa lapseni ovat erilaisia kuin minä

_____

_____

_____

_____

_____

_____

Hetket, jolloin olin ylpeä lapsistani

_____

_____

_____

_____

_____

_____

Asiat, joita tykkään tehdä lasteni kanssa

1.

2.

3.

4.

5.

Hauskin asia, mitä lapseni on sanonut, kun hän oli pieni

Kenelle kerroit ensimmäiseksi, kun tiesit
olevasi raskaana

Jos lapseni olisi vastakkaista sukupuolta,
olisin nimennyt hänet seuraavasti:

Asioita, joita äitiys on opettanut minulle

Näissä asioissa oma lapsuuteni muistuttaa lasteni lapsuutta

1.

2.

3.

Näissä asioissa oma lapsuuteni eroaa lasteni lapsuudesta

1.

2.

3.

Perinteitä ja tapoja, joita olen halunnut opettaa lapsilleni

Parhaita muistoja lapseni lapsuudesta

1.

2.

3.

4.

Parhaita muistoja lapseni teini-iästä

1.

2.

3.

4.

Parhaita muistoja lapseni kanssa, kun hän on tullut aikuiseksi

1.

2.

3.

4.

Miten olen halunnut kasvattaa lapseni ja miten koen onnistuneeni siinä?

_____

_____

_____

_____

_____

_____

Asioita, jotka koin vaikeaksi kasvattaessani lastani

_____

_____

_____

_____

_____

Miten suhteeni lapsiini on muuttunut heidän ollessa aikuisia?

_____

_____

_____

_____

_____

_____

_____

Asioita, joista voin puhua helposti lapseni kanssa

_____

_____

_____

_____

_____

Suosikkimme

Aihe, josta puhua lapseni kanssa

Elokuva, jonka olemme katsoneet yhdessä

Paikka, jossa viettää aikaa yhdessä

Ruoka, jota laittaa yhdessä

Ravintola, jossa käydä yhdessä

Toivoisin, että lapseni muistavat seuraavat asiat minusta

1.

2.

3.

4.

5.

Asiat, jotka saavat minut huolestumaan lapsistani

1.

2.

3.

Asioita, joissa toivoisin tukea lapseltani

1.

2.

3.

4.

Hetket, jolloin minulla oli kova ikävä lastani

1.

2.

3.

Asioita, joita toivoisin, että olisin tehnyt toisin äitinä

1.

2.

3.

Asioita, joita olen tehnyt äitinä ja joista olen ylpeä

1.

2.

3.

Haluaisin sanoa lapsilleni useammin

1.

2.

3.

Parhaat puolet lapsessani

1. _____

2. _____

3. _____

Huonoimmat puolet lapsessani

1. _____

2. _____

3. _____

Äitiydessä minua on yllättänyt eniten:

_____

_____

_____

_____

_____

_____

Viisainta, mitä lapseni on minulle
opettanut

_____

_____

_____

Viisainta, mitä oma äitini on minulle
opettanut

_____

_____

_____

Kun tulen vanhaksi, haluaisin, että
lapseni...

_____

_____

_____

_____

_____

Koetko olevasi samanlainen vai erilainen äiti lapsillesi kuin oma äitisi oli sinulle ja millä tavalla?

Isovanhempana olen/aion itse olla:

Asioita, joita olen halunnut tehdä toisin,
jota oma äitini teki lapsuudessani

Asioita, joita olen halunnut tehdä samalla tavalla, jota oma äitini teki lapsuudessani

_____

_____

_____

Jos minulla on monta lasta, miten lapseni eroavat keskenään toisistaan

_____

_____

_____

_____

_____

_____

_____

Vaikeimmat hetkeni äitinä

1.

2.

3.

Parhaat hetkeni äitinä

1.

2.

3.

Hauskimmat muistoni lapseni kanssa

1.

2.

3.

4.

5.

Haluaisin vielä kokea seuraavat asiat
lapseni kanssa

1.

2.

3.

4.

5.

Koen, että elämäni äitinä on vaikuttanut
minuun tänä päivänä seuraavasti:

Kun itse olin lapsi, kuinka monta lasta
suunnittelin saavani?

Asioita, joita suunnittelin itse lapsena, kun tulen äidiksi

1.

2.

3.

4.

5.

Missä asioissa lapseni muistuttaa minun omia vanhempiani?

Äitinä oleminen on opettanut minulle elämästä seuraavia asioita

---

Haluan, että lapseni muistavat minut seuraavanlaisena äitinä